M. FOULD.

PORTRAITS HISTORIQUES
au dix-neuvième siècle
2e SÉRIE.

24

M. ACHILLE FOULD

PAR HIPPOLYTE CASTILLE

Auteur de

La Seconde République (1848 à 1852) et de l'Histoire de Soixante Ans

AVEC PORTRAIT ET AUTOGRAPHE

Prix : 50 centimes

PARIS

E. DENTU, LIBRAIRE-ÉDITEUR

PALAIS-ROYAL, 13, GALERIE D'ORLÉANS.
—
1860

PORTRAITS HISTORIQUES

Au dix-neuvième siècle.

2ᵉ SÉRIE.

— 24 —

M. ACHILLE FOULD

PAR HIPPOLYTE CASTILLE

PARIS

E. DENTU, LIBRAIRE-ÉDITEUR

PALAIS-ROYAL, GALERIE D'ORLÉANS, 13

1859

M. ACHILLE FOULD

———

Depuis que l'organisation du Grand-Livre de la dette publique est venue réduire, selon l'expression de Cambon, la science du financier à une addition, le nombre des personnes auxquelles cette qualification pouvait s'adresser a beaucoup diminué. La manière dont les recettes et les dépenses étaient organisées sous l'ancien régime, la variété des sources de revenus de l'État, la complication, la confusion de la dette, la multiplicité de ses provenances, les vieux contrats dont elle était encore

grevée après que les causes qui les
avaient engendrés n'existaient plus,
rendaient la comptabilité de l'État hor-
riblement compliquée. Quelquefois l'É-
tat avait fait main basse sur des capitaux appartenant à des corporations, à
des communautés, de sorte que les droits
des créanciers différaient selon la pro-
venance de la dette.

On conçoit que, dans un tel état de
choses, il était nécessaire que des hommes d'un esprit ingénieux et lucide,
appliqué à la science des expédients financiers, vinssent, de temps en temps,
mettre un peu d'ordre dans le désordre,
un peu de lumière dans les ténèbres des
finances de l'ancienne monarchie. Mais
il arrivait souvent, aussi, que ces fameux financiers du dix-huitième siècle,
n'étaient, comme l'abbé Terray, l'homme
des coups d'État financiers, ou comme
M. de Calonne ou M. de Brienne, se

procurant de l'argent à tout prix pour le dissiper avec la plus insouciante prodigalité, que des intendants empiriques, se moquant bien de ruiner la monarchie pourvu qu'ils fissent leur fortune et prolongeassent leur passage au pouvoir en entretenant les illusions d'une cour décidée à fermer les yeux sur les difficultés de l'avenir.

Tel était, le plus souvent, le financier d'autrefois. Et l'on conçoit que l'espèce en ait été nombreuse. Il était si commode de figurer le rôle de la Providence auprès d'une cour aux abois, ou de venir en grand joueur, comme Law, tourner la tête à tout un peuple !

Les lois de l'économie publique, mieux connues, mieux définies, ont contribué, pour leur part, à élucider les questions de finance, à les simplifier, à les ramener à leurs proportions naturelles, à les rattacher au mouvement général de la formation et de la distribution des richesses. On pourrait dire qu'il s'est fait, en matière de finances, la même révolution que celle qui s'est accomplie dans la chimie. Il existe entre le financier moderne et le financier d'autrefois la même différence qui existe entre le chimiste et l'alchimiste, ou plutôt l'on peut dire qu'il ny a pas plus de financiers, aujourd'hui, qu'on ne trouve d'alchimistes.

Nous avons des banquiers, des ministres des finances, des administrateurs de premier ordre ; nous n'avons plus de financiers, grâce au ciel, excepté à la Comédie-Française.

L'homme d'État auquel est consacrée cette Notice en est le meilleur exemple que nous puissions choisir. M. Achille Fould a été banquier, ministre des finances ; il est frère de M. Benoît Fould, chef de l'ancienne maison de banque Fould et Oppenheim ; mais que l'on exa-

mine l'ensemble de sa carrière parlementaire, il sera aisé de voir que si les
questions de finances en remplissent la
majeure partie, une foule de questions
économiques et administratives ont aussi
absorbé une large part de sa laborieuse
existence.

Un bon économiste peut aujourd'hui
faire un ministre des finances, et il s'en
faut qu'on en puisse dire autant de tout
banquier de Paris.

M. Achille Fould est né en 1799,
d'une famille israélite.

Quoiqu'il eût donné de bonne heure
les marques d'une haute capacité financière, et que ses aptitudes fussent
supérieures à la condition d'un simple
banquier, ce fut seulement vers sa qua-
rante-troisième année qu'il prit la réso-
lution de sortir du cercle trop étroit des
affaires privées pour entrer dans celui
des affaires publiques.

Il siégea d'abord, en qualité de secrétaire, au Conseil-général du département des Hautes-Pyrénées. Doué d'un esprit froid et d'un grand sens pratique, M. Achille Fould exerça bientôt une influence considérable dans le département. Il put en même temps y puiser de bonnes notions administratives. Un département étant à la France ce qu'un carré est au damier, il n'y a pas de meilleure école politique que les Conseils-généraux.

L'année suivante (1842), M. Achille Fould fut élu député par le deuxième collège électoral de Tarbes.

Il prit place à la Chambre des députés parmi les rangs des conservateurs ; mais l'activité qu'il déploya dans les questions dont il avait fait une étude spéciale, le talent, la science dont il fit preuve, tantôt à la tribune, tantôt dans les bureaux et les commissions, prouvèient bientôt que M. Achille Fould savait allier l'idée du progrès à l'idée de conservation. Son expérience, la lumière qu'il répandait non-seulement sur des questions de finances, mais encore sur celles de travaux publics, d'agriculture, de commerce, sur les haras, les remontes, etc., furent d'une grande utilité à la Chambre.

Le futur homme d'État perçait déjà dans le député.

Mais pour sortir des rangs parlementaires et s'élever au pouvoir, il faut souvent que des événements considérables viennent changer la face d'un pays. Il semble que chaque régime apporte avec lui son contingent de capacités admises et consacrées de prime-abord. Les cabinets et les hautes fonctions restent presque toujours dans ce cercle d'hommes, et ce n'est généralement que par le lent travail de la mort que des hommes

nouveaux sont admis à pénétrer dans
cette région supérieure. Les capacités
qui se sont formées en dehors doivent
donc se résigner aux langueurs d'une
attente sans fin déterminée.

Cela était surtout vrai sous le règne
de Louis-Philippe, et plus encore sous
les Bourbons. Cette loi est toujours pro-
portionnelle au plus ou moins d'étroitesse
qui préside à l'application des principes
conservateurs.

La Révolution et le premier Empire
ne produisirent peut-être tant d'hommes
de génie dans toutes les branches de
l'esprit humain, que parce qu'ils usèrent
beaucoup de capacités et mirent en ré-
quisition tout ce qui, en France, eut
l'amour de la gloire et désira affronter
les soucis, les travaux et les périls du
commandement, dans la politique, l'ar-
mée ou l'administration.

De nos jours, où les cadres sont complets et où nul événement ne renouvelle les surfaces, les aspirations et les aptitudes supérieures ne sont qu'un malheur individuel dont il faut prendre philosophiquement son parti. La religion, la famille, l'amour, le jeu, la spéculation, et plus souvent l'ennui, demeurent le partage de ces personnes que le hasard n'a point conviées aux travaux supérieurs pour lesquels elles se sentaient formées ; heureux encore qui choisit un bon lot dans ce cercle des sentiments individuels et ne s'altère pas comme un vin généreux mis dans un vase impropre à le contenir.

Six années s'écoulèrent, pendant lesquelles M. Achille Fould déploya, dans les diverses branches administratives, économiques et financières auxquelles il consacra ses études, une activité extraordinaire. La seule nomenclature de ses travaux parlementaires, empruntée au

Moniteur, pendant ce laps de temps, remplirait les pages de cette Notice. Cette énorme dépense d'intelligence, de patience et de volonté, suffirait à elle seule pour expliquer et justifier l'élévation actuelle de M. Achille Fould, si, dans des circonstances normales, l'effort soutenu des plus remarquables facultés suffisait pour élever un homme hors ligne jusqu'aux régions supérieures du pouvoir politique.

Deux fois député, président du Conseil-général des Hautes-Pyrénées, M. Achille Fould était désigné par l'opinion pour le ministère des finances, dans un temps plus ou moins éloigné. Mais pour lui, comme pour la plupart des hommes d'État du régime actuel, une crise révolutionnaire devait hâter l'époque où la carrière des personnes vouées à la vie publique acquiert son suprême développement.

Cette crise fut la révolution de Février 1848.

En apparence, la révolution de Février fut fatale aux conservateurs. Tel est du moins le premier aspect qu'elle offre à un regard inattentif. Bien différente est, selon nous, sa signification véritable.

Le parti conservateur, sous le règne de Louis-Philippe, s'était peu à peu enfermé dans un système étroit et exclusif. Il avait vieilli comme le roi lui-même. Ses idées s'étaient repliées. Une excessive timidité, une méfiance non moins grande, un esprit de secte et de caste s'étaient emparés des hommes qui prétendaient le représenter par excellence. Ni chaleur, ni croyances n'animaient plus ce grand corps, qui, en 1830, avait eu sa vie active, énergique. Toute la politique du système se réfugiait dans le problème des majorités électorales et des majorités parlementaires. Mais tandis qu'il abandonnait ainsi le véritable moyen de gouvernement, qui est la possession des âmes et la direction des esprits, l'opposition s'en emparait.

Au premier choc, le parti conservateur et le trône qui en était le symbole le plus élevé, s'écroulèrent comme un corps frappé de la foudre et qui tombe en poussière dès qu'on le touche.

L'effort impuissant du parti conservateur, sous le règne de Louis-Philippe, se borne à la tentative faite par un imperceptible groupe d'hommes, qui prirent le nom de conservateurs-progressistes, et qui n'eurent aucune action sur la Chambre et sur le public. Il n'était donc pas en position de sauver la monarchie de Juillet, et, comme le reste, il disparut dans la tourmente.

Quoique M. Achille Fould ne **se soit**

jamais, par ses votes, séparé du ministère, il appartenait, au moins par les
idées, au groupe politique que nous venons de signaler. Adversaire décidé du
régime des prohibitions, il n'était pas
d'accord avec M. Duchâtel et avec le
groupe d'économistes qui s'appuyaient
sur le système, plus politique que con-
forme à la nature des choses, qu'on dé-
core du beau nom de protection.

Si le *Self-Government* était applicable aux matières de finances, nous
dirions que M. Fould appartient à cette
grande école anglaise. Plus d'une fois,
sous le règne du roi Louis-Philippe, il
se trouva en désaccord avec le ministre
des finances. M. Achille Fould croit,
avec la plupart des grands esprits qui
ont suivi la théorie de M. de Turgot de
préférence à celle de M. Necker, que
l'initiative individuelle est, dans une
foule de cas, le plus sûr et le plus rapide

moyen d'arriver au but qu'on se pro-
pose.

Les hommes distingués qui allièrent
le principe du Progrès à celui de la
Conservation, vinrent trop tard, d'ailleurs, pour sauver la monarchie de
Juillet. Il leur eût fallu des années pour
s'emparer de la haute influence parlementaire. Le temps fuyait, emportant
les hommes, les institutions, vers la ca-
tastrophe qui devait clore la situation.

Déjà le pouvoir échappait aux mains
débiles qui essayaient de le retenir.
Mais l'opposition, égarée dans le rêve et
l'utopie, douée de plus d'imagination
que de raison, sans unité, sans chef,
sans corps de doctrine, sans vues poli-
tiques nettes et pratiques, fut elle-même
dévorée par la révolution qui s'élevait.

C'est à ce double titre que la révolution de Février a rendu un immense
service au pays.

Elle a consumé à la fois le vieux parti conservateur et cette masse d'idées romantiques ou romanesques, comme l'on voudra, semées dans le pays par les sectes nées de la décomposition du parti républicain.

Toutes ces vieilles dénominations de conservateurs, conservateurs-progressistes, fouriéristes, communistes, etc., etc., ont disparu. Le parti de l'ordre lui-même, est aujourd'hui un mot vide de sens, par cette raison qu'il n'y a plus de parti de l'ordre quand l'ordre existe. Or, il n'y a point d'ordre véritable sans l'étroite alliance des principes de conservation et de progrès.

La révolution de Février ouvrit donc une vaste carrière aux hommes qui, à l'expérience et à la science acquise, joignaient un tact assez parfait, un assez ferme bon sens pour se conduire avec prudence au milieu de cette subversion

profonde dans laquelle tant de remarquables individualités s'engloutirent.
Telle succomba par ambition, telle par
orgueil, telle par rancune, telle autre par
manque de caractère.

Les hommes qui évitèrent cette mul-
titude d'écueils et traversèrent la tourmente sans devenir impossibles, furent
évidemment d'une trempe supérieure.
On les discutera un jour avec plus de
sincérité qu'aujourd'hui; mais quel que
soit, sur leur compte, le jugement de
l'avenir, ce que l'opinion impartiale ne
leur refusera, ni aux uns ni aux autres,
c'est la fermeté du caractère et le senti-
ment exact de la situation, avec ses périls et ses ressources.

M. Achille Fould se distingue dans
ce groupe d'hommes supérieurs, parce
que, entre lui et tel ou tel des person-
nages illustres qui occupent aujourd'hui
les hautes sphères du pouvoir, il y avait

une immense différence de condition. Il
risquait plus que tout autre, car il pos-
sédait une de ces fortunes considérables
qui, à elles seules, sont un pouvoir, le
plus fort de tous, peut-être, et le plus
solide.

Nous reviendrons plus loin sur ce
sujet, qui forme le trait particulier de la
physionomie de M. Achille Fould, et
qui dénote chez lui une vigueur de caractère qui n'est certes ni d'un banquier,
ni d'un homme d'argent, mais d'un
homme d'État.

M. Achille Fould s'émut peut-être
moins que tout autre conservateur de la
révolution de Février. Il connaissait trop
bien dans quelles conditions financières
cette révolution s'emparait du pouvoir,
pour ne pas pressentir les embarras au
milieu desquels elle allait se trouver.

Le matin du 25 février, en ouvrant
les caisses de l'État, les membres du

Gouvernement provisoire y trouvèrent :

133 millions en écus ;

8 millions d'effets de commerce ;

14 millions de traites de douanes ;

23 millions de traites de coupes de bois ;

14 millions de valeurs diverses ;

Total, 192 millions.

On avait à payer au 22 mars 73 millions pour le semestre de rente 5 0/0, sans compter les divers autres chapitres de la dette flottante.

En temps ordinaire, l'État, quoique les dépenses soient presque toujours au-dessus des recettes, se maintient dans un dangereux équilibre par l'alimentation permanente des sources où il puise.

Mais, en temps de révolution, plus

de dépôts, plus de bons du Trésor (c'est
bien assez du remboursement des vieux
bons), plus d'avances des receveurs gé-
néraux. Et tandis que rien ne rentre, le
passif effrayant somme la révolution d'a-
voir à payer ou à périr.

La situation de l'État ne vaut pas
mieux alors que celle d'un banquier dé-
bordé par le découvert et qu'on mettrait
dans l'impossibilité de continuer ses opérations en le forçant à payer de suite.

M. Fould suivait du regard le mouvement, se réservant d'intervenir en
temps et lieu, quelque peu de sympathie
qu'il éprouvât pour la révolution.

Un banquier honnête et capable de
dévouement, mais irascible, doué d'idées
peu étendues, M. Goudchaux, consentit
à se charger du ministère des finances, à
la condition qu'on n'introduirait aucune
modification dans le système de l'impôt.
Pourvu qu'on lui assurât ses recettes, il

consentait à se charger d'administrer et de payer.

Rien de plus simple, en effet.

Mais les révolutions promettent plus qu'elles ne peuvent tenir. La presse périodique, sur laquelle pèse l'énorme impôt du timbre, réclama et obtint sa suppression. Le paysan, de son côté, demandait l'abolition de l'impôt du sel, comme il avait, soixante ans auparavant, demandé l'abolition de la dîme.

Le Gouvernement provisoire s'inclina devant la plume et devant la charrue. Les deux impôts furent supprimés.

L'infortuné M. Goudchaux, plus terrifié que si on lui eût demandé une livre de sa chair, se rendit le 3 mars au Gouvernement provisoire, et, avec l'éloquence de la peur, fit de la situation un tel tableau, que le mot « nous sommes perdus » circula de bouche en bouche.

M. Achille Fould connaissait M. Goudchaux ; il le vit, lui donna quelques conseils. Il pressentait que, sans système arrêté, le Gouvernement provisoire amènerait une panique des capitaux et perdrait toute confiance, tout crédit.

La science du crédit, tel est, en effet, le génie du financier moderne. Mais cette notion ne s'acquiert pas seulement dans les livres. Elle est surtout affaire de tact.

M. Goudchaux, qui se trouvait à la tête de 250,602,154 fr. pour faire face à une dette flottante de 960,371,596 fr., imagina cette idée déplorablement ingénieuse, d'anticiper de seize jours le paiement de 73 millions, formant le semestre de la rente 5 0/0.

Il faisait le brave et faisait sonner ses louis, comme un joueur endetté qui veut jeter de la poudre aux yeux de ses créanciers. Mais ce moyen, applicable

à des tailleurs et des carrossiers, ne vaut
rien vis-à-vis d'une nation.

L'État n'est point un débiteur ordinaire. On lui accorde autant de crédit
qu'il veut, et, au besoin, on ne s'ef-
frayera pas trop d'un ajournement de
paiement, pourvu qu'on ait foi dans son
encaisse. La confiance en l'État est
moins dans l'argent qu'il verse que dans
celui qu'il garde.

Soit que cette pensée toute simple ne
vînt point à l'esprit de M. Goudchaux,
soit que ses idées sur l'honneur fussent
plus d'un chevalier que d'un administrateur, il fut résolu que le paiement aurait
lieu le 6 mars, au lieu du 22, jour de
l'échéance.

Les créanciers se jetèrent avidement
sur cette proie, mais cet excès de senti-
ment de la part du ministre de la République jeta l'effroi parmi les porteurs de
billets de banque. L'or, chez les chan-

geurs, se vendit jusqu'à 160 fr. le mille.

L'argent que l'État déboursait ne sortait plus. La confiance n'est point affaire de sensibilité. L'imprudence du ministre fit plus d'effet que sa générosité.

Le drame financier de la révolution s'assombrissait.

On trouva le soir du 6 mars 34 millions disponibles dans la caisse de l'État.

Le lendemain, la rente tomba à 89.

Malgré la prorogation à dix jours des protêts et du paiement des effets de commerce, la terreur se répandit dans le commerce ; la liquidation de la maison Gouin, les embarras des maisons Baudon et Ganneron, augmentèrent cette panique.

M. Goudchaux était tombé dans un indicible état d'exaspération. Le 4 mars, il menaça de se brûler la cervelle si on ne le remplaçait pas.

Le cas est rare.

Il fallut pourtant accepter la démission de ce ministre malgré lui. M. Garnier-Pagès, aidé de M. Eugène Duclerc, ancien rédacteur du *National*, accepta cette lourde succession du portefeuille des finances.

Pendant ce temps, le commerce, aux abois, sommait le Gouvernement provisoire de proroger les échéances à trois mois.

M. Garnier-Pagès donna galamment à cette échauffourée, qui éclata le 6 mars à la Bourse, la qualification d'*émeute de l'honneur au désespoir.*

— « Payez les intérêts échus, » disait M. Garnier-Pagès au caissier central, M. Thomas.

M. Fould, de son côté, suivait le mouvement et disait :

— « La Banque n'y résistera pas. »

On continua de payer. Le 15 mars, le

Trésor avait retiré de la banque 77 millions.

— « Ils affaiblissent leur réserve métallique, ajoutait M. Fould, cela ne peut pas aller longtemps. »

Il fallut, en effet, suspendre, le 16 mars, le paiement du numéraire. Il fallut forcer le cours des billets de banque, ce qui fit monter le prix de l'argent à 150 fr. le mille.

Les riches se sauvèrent.

— « Monsieur, nous avons encore huit jours à vivre, » dit au ministre le directeur du mouvement général des fonds.

En même temps, le Gouvernement demandait au Trésor, par l'organe de la Commission de défense nationale, une somme de 114 millions. Les déposants à la Caisse d'épargnes venaient par bandes réclamer le montant de leurs dépôts antérieurement dénaturés par l'État, convertis en rentes, en actions des 3 et 4 canaux.

M. Garnier-Pagès fit rembourser 100 fr. en numéraire et fit décréter que le reste serait remboursé moitié en rentes 5 0/0 au pair, moitié en bons du Trésor à six mois, avec intérêt de 5 0/0.

Ici la République mettait le comble à sa générosité et à son imprudence. Elle expiait les fautes de la monarchie de Juillet.

M. Garnier-Pagès fit décréter un emprunt national en rentes de 5 0/0 au pair, aliéner les bons de liste civile, vendre 100 millions des forêts de l'État, les diamants et l'argenterie de la couronne, et proposa le rachat des chemins de fer.

— « Toutes ces mesures peuvent être de quelque valeur au point de vue politique, disait M. Fould, mais elles sont inefficaces au point de vue financier. »

La suite ne le prouva que trop.

Au surplus, M. Achille Fould ne devait pas tarder à prendre la parole. En mai 1848, il publia, sous le titre de : *Observations sur la situation financière, adressée à l'Assemblée nationale,* une brochure qui fit une sensation profonde. et dont voici la succincte analyse.

Cette brochure était une critique fort judicieuse des opérations du Gouvernement provisoire.

La situation de nos finances était fort compromise lors de la chute du dernier gouvernement. Une série de fautes avait amené les choses à ce point, qu'un changement complet dans la direction des affaires et de très-sérieuses réformes pouvaient seuls nous préserver des plus graves dangers. Mais, si la révolution amenait avec elle de nouveaux dangers, elle apportait aussi ses avantages. Elle permettait de recourir à des moyens énergiques dont un gouvernement régulier n'eût pu se servir. La tâche du Gouvernement provisoire devait être d'envisager la situation dans son ensemble et d'atténuer par des dispositions générales la crise qui allait éclater.

Cette mission, l'auteur croit que M. Goudchaux ne l'a pas comprise. Sa brochure est destinée, dit-il, à « analyser rapidement les principaux actes financiers du Gouvernement provisoire, à signaler à l'Assemblée nationale les mesures qui lui semblent contraires aux intérêts et aux droits du pays. »

L'auteur croit qu'en décrétant des contributions nouvelles, en modifiant le système des impôts, le gouvernement provisoire a outrepassé ses pouvoirs et manqué à ses engagements.

Il prouve cette proposition en citant un acte officiel du 29 février, dans lequel le gouvernement provisoire déclarait :

« Qu'il appartient aux délégués de la nation tout entière de juger souverainement du système de l'impôt ; que toute autre conduite (du Gouvernement provisoire) impliquerait de sa part la plus téméraire usurpation. »

L'auteur établit d'abord la situation du Trésor au 24 février. Suivant lui, M. Goudchaux ne l'aurait pas fait d'une manière exacte dans son rapport du 9 mars. Il aurait commis une erreur sur l'évaluation de la dette flottante de 87,067,921 fr. 92 c., en n'y comprenant pas les rentes 5 0/0, 3 0/0, les actions des 3 et des 4 canaux appartenant aux Caisses d'épargnes, qui, n'étant pas réalisables alors, ne pouvaient soulager le passif du Trésor.

Le rapport omettait aussi l'actif que l'auteur établit ainsi :

Solde en numéraire et à

la Banque   135,000,000
Portefeuille   55,000,000
soit 1 milliard à payer, et 135 millions
en caisse.

Le budget ordinaire laissait entrer un
déficit de 48,000,000.

Le budget extraordinaire n'avait d'autres ressources qu'une vingtaine de millions à recevoir des compagnies concessionnaires et les termes de l'emprunt de 250,000,000 négocié le 10 novembre 1847, dont une partie avait été payée d'avance. Ces ressources disparaissaient avec la révolution.

M. Fould exposait ainsi les moyens qui, suivant lui, eussent dû être adoptés:

« Garder les fonds en caisse pour assurer le service ; par un arrangement équitable et facultatif, convertir en rentes les dépôts des Caisses d'épargnes et les bons du Trésor; faire appel au patriotisme des citoyens pour les engager à anticiper le paiement des contributions ; au besoin, emprunter à la Banque. »

Le ministre, au contraire, ne voulant pas suspendre les paiements, ouvrit ses caisses lorsqu'il fallait les fermer. Les conséquences de cette erreur ont pesé et pèseront lourdement sur la situation.

Le 5 mars, ainsi que nous l'avons dit, M. Goudchaux résigna les finances entre les mains de M. Garnier-Pagès. L'administration de celui-ci a eu tous les caractères de la dictature.

« J'ai suivi attentivement, dit l'auteur, les actes de M. Garnier-Pagès. Quelques-uns m'ont paru regrettables pour le présent, dangereux pour l'avenir. Je les signalerai à l'Assemblée nationale. Elle avisera. »

Tel est le but de la brochure de M. Fould.

Lorsque M. Garnier-Pagès entra au ministère des finances, la situation du Trésor s'était modifiée. En neuf jours, le solde en caisse avait diminué de 27 millions. Cependant, malgré ce déplorable résultat, M. Garnier-Pagès suivit la méthode de son prédécesseur.

L'auteur rapproche entre eux plusieurs décrets de M. Garnier-Pagès, qui sembleraient prouver que ce ministre n'avait aucun système arrêté.

« Le 7 mars, il déclare que le Trésor tiendra tous ses engagements, que les Caisses d'épargnes sont placées sous la sauvegarde de la loyauté de la nation ; que de toutes les propriétés, la plus inviolable est l'épargne du pauvre.

« Le 9 mars, M. Garnier-Pagès rend un décret dans lequel il qualifie de capitaux de spéculation la plus grande partie des dépôts des Caisses d'épargnes. Les à-comptes payés en numéraire sont limités à 100 fr. par livret. Pour le reste des dépôts, on offre des bons du Trésor ou des rentes 5 0/0 au pair, lorsque bons et rentes perdent de 30 à 40 0/0.

« Le 7 mars, une proclamation du gouvernement s'exprime en ces termes :

« Déjà le Gouvernement provisoire a
« pourvu à tout. Il recherche avec acti-
« vité les moyens de diminuer dans une
« large proportion les dépenses de l'État;
« il a la certitude d'y parvenir ; le reste
« regarde les citoyens ; leur sort, celui
« de l'industrie, l'avenir et la prospérité
« du travail national sont entre leurs
« mains. Le gouvernement les adjure
« d'y aviser. En même temps, il n'exige
« d'*elle aucun sacrifice extraordinaire.*
« Pour parer à ces difficultés financières
« que la prudence commande impérieu-
« sement de prévoir, une simple antici-
« pation dans la rentrée des impôts suf-
« fira. *Que tous les citoyens versent im-*

« *médiatement et par anticipation dans*
« *les caisses du Trésor ce qui leur reste*
« *à payer sur les contributious de l'an-*
« *née, ou, au moins, les six premiers*
« *douzièmes, et toutes les difficultés fi-*
« *nancières seront vaincues.* »

Le 16 mars, sur un rapport de M. Garnier-Pagès, le Gouvernement provisoire rend un décret qui impose quarante-cinq centimes sur le total du rôle des quatre contributions directes, payables immédiatement.

Plus tard, s'apercevant du mauvais effet de cette mesure, le ministre revient en quelque sorte sur le décret ; il en rend l'exécution arbitraire et inégale, il établit des exceptions sans règle, sans garantie, abandonnées aux caprices des autorités locales.

Le 9 mars, le ministre avait déclaré que le service des bons du Trésor était assuré.

Le 16, un nouveau décret en suspend le paiement. Le ministre offre, en échange, des nouveaux bons ou des rentes au pair qui perdent 48 0/0.

« Je m'arrête, continuait M. Fould. Pousser plus loin ces rapprochements n'aboutirait qu'à la stérile satisfaction d'une critique tardive et facile ; mais je ne puis m'empêcher de faire ressortir les conséquences de cette marche saccadée et incertaine. La première et la plus fatale, a été la destruction de la confiance et du crédit. La Banque de France n'y a pas résisté. »

Du 26 février au 15 mars, le Trésor, on l'a vu, en avait retiré 77 millions. Le gouvernement était dans son droit, mais la prudence conseillait d'user de ce droit avec ménagement. Cette mesure alarma le public ; on vint en foule au remboursement, et, le 16 mars, la Banque dut suspendre ses paiements en numéraire. Elle obtint du gouvernement que ses billets fussent réputés monnaie légale, mesure grave à laquelle on n'avait pas eu recours dans les temps les plus critiques qu'on avait traversés depuis cinquante ans.

« Une autre conduite pouvait sauver la Banque de la suspension, et épargner ainsi aux transactions commerciales une grande gêne, de grands sacrifices ; à l'honneur et au crédit du pays, une tache qui ne s'effacera pas de long-temps. »

L'auteur critique ensuite les mesures décrétées par M. Garnier-Pagès :

L'emprunt national en rente à 5 0/0 au pair ;

La vente des diamants et de l'argenterie de la couronne ;

L'aliénation des biens de la liste civile ;

La vente de cent millions de forêts.

L'emprunt ne produisit pas plus de 10,000 fr. *numéraire* ;

A peine l'argenterie a-t-elle produit un million ;

Les deux dernières mesures ne furent pas exécutées.

« La conduite à suivre pour atténuer les conséquences de la crise, était simple et facile, dit l'auteur. En voici l'exposé textuel :

« Le 24 février, le Trésor avait : en caisse , 135,000,000 fr. ; en portefeuille , 55,000,000 fr. L'anticipation des douzièmes devait procurer en deux mois 50,000,000. Ensemble , 240,000,000 fr. , qui, à raison de 2 millions par jour, suffisaient à combler la différence entre les dépenses et les recettes pendant cent vingt jours. J'examinerai plus tard si les dépenses du Gouvernement provisoire, depuis le 24 février jusqu'au moment de la réu-

nion de l'Assemblée nationale , n'ont
pas excédé cette proportion ; mais au
lieu de cent vingt jours , l'intervalle à
traverser n'était que de soixante-dix ;
les ressources indiquées devaient donc
laisser un excédant (1).

« La conversion en rentes à un taux
équitable des dépôts des Caisses d'é-
pargnes et des bons du Trésor, offerte
facultativement, en donnant aux créanciers de l'État des valeurs facilement
réalisables, les préservait de la ruine
et de la misère, en même temps qu'elle
soulageait le Trésor du plus sérieux
embarras que lui eût légué le gouvernement déchu. »

Ces mesures prises avec ensemble,
annoncées simultanément, en prouvant
au public que le service de l'État était

______

(1) On avait en réserve, pour le cas de guerre,
le doublement des contributions directes et un emprunt à la Banque.

assuré, arrêtaient la chute du crédit, sauvaient une foule d'établissements, et maintenaient l'activité dans les ateliers. Le ministre des finances préféra suivre une autre voie.

M. Fould critiquait ensuite les mesures adoptées par le Gouvernement provisoire, l'impôt des quarante-cinq centimes, l'établissement de la contribution directe sur les créances hypothécaires d'un pour cent sur le capital, et le décret du 19 avril, ayant pour but de supprimer, à Paris et dans les villes des départements, les droits d'octroi sur la viande de boucherie et de décider que leur produit serait remplacé par une taxe spéciale et progressive sur les loyers au-dessus de 800 fr., et par un impôt somptuaire sur les voitures de luxe, sur les chiens et sur les domestiques mâles.

Voici comment M. Fould appréciait ce dernier décret :

« Le décret d'octroi sur la viande de boucherie, rapportait à la ville de Paris environ 5,000,000 fr.

« Si l'on admet que la moitié de cette somme soit à la charge des travailleurs, c'est 2,500,000 fr. dont leur nourriture sera dégrevée, c'est-à-dire qu'ils payeront la viande environ 4 centimes de moins par demi-kilogramme.

« Ce serait déjà certainement une amélioration ; mais l'abandon des droits d'octroi entraînera-t-il nécessairement la réduction du prix de la viande ? Ceci est fort problématique. Il est à craindre qu'une économie aussi fractionnée disparaisse dans le commerce de détail ; qu'au lieu de profiter au consommateur, la différence n'arrive pas jusqu'à lui et ne se partage entre le producteur et le débitant.

« Mais, en admettant même que la réduction du prix ait lieu, n'aggrave-t-on pas d'une manière déplorable la condition des travailleurs par la substitution d'impôts somptuaires aux droits d'octroi sur la viande, et ne faut-il pas rechercher quelles seraient les conséquences de l'impôt somptuaire, ainsi que de la taxe sur les loyers?

« Déjà, à la suite de la révolution, beaucoup d'appartements ont été abandonnés. Les uns vivent à la campagne, d'autres, et surtout les étrangers, ont quitté la France. Les loyers ont, par ces motifs, subi une très-forte dépréciation, et il est probable que la crainte d'une taxe progressive fera rechercher les appartements du prix le plus modéré.

« Il ne faut donc pas s'attendre à un produit considérable de cette taxe; et, quant à l'impôt somptuaire, le revenu, qui eût été peu important au milieu d'une prospérité générale, sera aujourd'hui presque nul.

« En effet, bien des fortunes ont été détruites ou considérablement diminuées depuis le 24 février. Cependant, par humanité, ceux-mêmes qui avaient le plus souffert, se faisaient un devoir de conserver, les uns leurs domestiques, les autres leurs serviteurs et leurs voitures.

« En les frappant doublement, et par la taxe sur les loyers et par l'impôt somptuaire, on donnera aux uns un motif, aux autres un prétexte de congédier leurs domestiques et de renoncer à leurs voitures.

« Au lieu de leur imposer une charge nouvelle, il aurait été désirable, en ce moment, d'encourager les personnes atteintes dans leur fortune à ne point opérer ces réformes.

« Les domestiques qu'on aura ainsi privés de leurs moyens d'existence, trouveront-ils une compensation dans la réduction du prix de la viande ?

« N'imposera-t-on pas ainsi un sur-
croît de dépense aux ateliers nationaux.

« Les travailleurs eux - mêmes ne
souffriront-ils pas cruellement des lois
somptuaires?

« Il est constant que l'influence de
ces lois sera de réduire le luxe ; or, l'industrie parisienne fabrique annuellement
pour six cents millions de produits sur
lesquels il y a cinq cents millions d'ob-
jets de luxe : orfévrerie, bijouterie,
bronze, carrosserie, sellerie, peinture,
dorure, plumasserie, parfumerie, mo-
des, nouveautés, fleurs artificielles, bim-
beloterie, et une foule d'autres articles
dont la main-d'œuvre forme, en grande
partie, le prix de revient. Si on calcule
qu'elle y entre seulement pour un tiers,
c'est cent soixante six millions que les
travailleurs retirent de cette fabrication,
déjà tellement compromise. Si, par le
fait des lois somptuaires, elle diminue

seulement d'un cinquième, c'est plus de 33 millions de salaire qu'on ôte aux travailleurs. Ainsi, d'une main on leur donne 2 millions 1/2, et de l'autre on leur en retire 33. Est-ce par des mesures semblables qu'on prétend servir leurs intérêts? »

Après ces observations si claires et si judicieuses, M. Fould concluait en engageant l'Assemblée nationale à ouvrir une enquête sur les principaux actes de M. Garnier-Pagès.

Avec les moyens qu'il avait indiqués, M. Fould eût sauvé la République qu'il n'aimait pas. M. Garnier-Pagès, qui l'aimait, la perdit en faisant décréter l'impôt fameux des 45 centimes.

Quelques républicains comprirent, mais trop tard, que M. Achille Fould avait jugé la situation en homme d'État et non en banquier réactionnaire, et que, placé à la tête de l'administration des finances de la République, il eût, d'un parti pris sage et vigoureux, lutté contre l'orage et ramené la confiance en maintenant l'État fort vis-à-vis du commerce alarmé. Le crédit se fût soutenu et, avec le crédit, le reste eût été de soi.

Malgré ou plutôt à cause de l'impôt des 45 centimes, la rente 5 0/0 tomba à 55 fr., le 3 0/0 à 35 fr. Il fallut demander à la Banque une nouvelle somme de 50 millions.

Ce fut au milieu de ces difficultés qu'on songea enfin à M. Fould et qu'on lui offrit le ministère des finances.

Il refusa et il eut raison.

Un homme avide de pouvoir se fût hâté d'accepter, et bientôt le courant qui devait emporter la Commission exécutive et plus tard le général Cavaignac, l'eût entraîné avec le groupe d'individualités secondaires qui ne fit que paraître et disparaître sur la scène de la vie publique.

Mais si M. Fould ne crut pas devoir accepter un portefeuille, il pensa que sa place était à l'Assemblée nationale. Sa candidature, soutenue par 61,674 suffrages dans le département de la Seine, fut de nouveau mise en avant en septembre de la même année et obtint 78,191 suffrages.

Il entra dans l'Assemblée nationale en même temps que le Prince dont il devait un jour devenir le ministre.

On sait de combien d'intrigues l'Assemblée nationale était alors le foyer. M. Achille Fould vécut en dehors de ces agitations et reprit cette vie parlementaire, laborieuse, active, qu'il avait déjà menée pendant plus de six années sous le règne de Louis-Philippe.

Aussitôt entré à l'Assemblée nationale, nous le voyons prendre successive-

ment la parole dans la discussion de
toutes les lois qui rentrent dans le cercle
de ses études habituelles. Il parla no-
tamment dans la discussion de la loi sur
les bons du Trésor et les Caisses d'épargnes, dans la discussion du budget recti-
fié des dépenses de 1848 et du projet de
loi relatif au tarif des sels étrangers. Il
fut chargé du rapport sur la proposition
relative au remboursement des 45 centimes, etc., etc.

Cette existence politique si active, si
remplie, ne permettait plus à M. Achille
Fould d'apporter à la maison de banque
dont il était un des trois associés, un
concours sérieux. Depuis longtemps,
d'ailleurs, il n'était plus banquier. L'o-
pinion ne le considérait plus comme tel.
Il appartenait tout entier à la vie publique. Pour mieux préciser le caractère de
sa situation nouvelle et pour que son intelligence, libre de préoccupations com-

merciales, pût embrasser de plus vastes horizons, il était nécessaire qu'il se dégageât du passé.

Il prit donc le parti, au commencement de l'année 1849, de se retirer de la société d'exploitation de la maison de banque A.-B. L. Fould et Fould-Oppenheim.

M. Fould sentait, d'ailleurs, que le moment où il devait quitter les travaux parlementaires pour ceux du gouvernement n'était pas éloigné.

De son banc de représentant du peuple, le Prince Louis-Napoléon suivait du regard les hommes qui, par leurs aptitudes supérieures, lui paraissaient le plus capables de s'associer à ses vastes projets et de l'aider un jour à ramener en France l'ère de gloire, de force et de prospérité du régime impérial. Et quand le grand vote du 2 décembre l'eut appelé à la Présidence de la seconde République française, il se souvint des hommes qu'il avait distingués.

La haute capacité de M. Achille Fould avait frappé le futur Empereur des Français. Le Prince lui proposa le portefeuille de ministre des finances. M. Fould accepta, cette fois.

Si le Prince l'avait distingué, il eut, lui, la foi la plus absolue dans les destinées du neveu de l'Empereur et de la race des Napoléon.

Nous insistons sur ce fait, parce qu'il nous paraît marquer, dans la physionomie politique qui nous occupe, une ligne importante à constater. Il est, en effet, nécessaire de ne pas oublier que M. Fould appartenait au parti conservateur sous le règne de Louis-Philippe. Ce parti, profondément ulcéré par la révolution de Février, renversé de son piédestal, compromis pour avoir laissé périr la monarchie, n'apportait dans le nouvel ordre de choses qu'un esprit de rancune. Il ne voulait compter ni avec les faits accomplis ni avec la force et la nature des événements.

Il essayait bien de se grouper sous le nom de *parti de l'ordre*; mais son but était moins de ramener l'ordre, en donnant satisfaction aux intérêts légitimes des masses, que de disperser les partis nouveaux, de les anéantir, de rendre le trône, les uns au comte de Chambord, les autres à la famille d'Orléans et de ramener la France plus en arrière qu'elle n'était sous le dernier règne.

Ils commencèrent par appuyer le général Cavaignac et le brisèrent quand ils en eurent tiré ce qu'ils voulaient. Ils espéraient agir d'une manière analogue avec le Prince Louis-Napoléon. Leur orgueil égalait leur audace. La révolution de Février ne leur avait rien appris, et leur fatuité n'avait pas un instant dé-

sarmé, malgré des revers si écrasants.
Ils se croyaient encore les maîtres des
esprits et des cœurs. Selon eux, la population avait été surprise par une dé-
faillance du pouvoir et par un coup de
main des sociétés secrètes ; mais tout
cela n'était que l'œuvre d'une minorité
factieuse.

Pour ramener le pays à ses véritables
instincts, il suffisait donc, à leur sens,
d'écraser les factions. En récompense de
ce grand service, ils eussent accordé une
honorable retraite à ceux qui l'auraient
rendu. Le fort de Vincennes, l'exil, la
mort peut-être, devaient, au contraire,
devenir le partage de quiconque, en réta-
blissant l'ordre, ne croirait pas indispen-
sable de rendre le pouvoir à ces messieurs.

Nous ne voulons nommer ici personne,
mais les noms viennent aisément à l'esprit du lecteur. La candeur de l'orgueil
présidait, d'ailleurs, à ces inspirations

avec une bonne foi singulièrement comique. Ces hommes illustres croyaient seuls avoir du talent. Eux seuls, oubliant leur récente défaite, se croyaient maîtres ès-art de gouverner. N'imaginant pas que quelqu'un à côté d'eux pût nourrir une prétention analogue, leur suffisance n'était dépassée que par leur aveuglement. Et, telle était l'assurance de ces hommes, telle est en même temps l'adoration du vulgaire pour les types constitués, que beaucoup de gens se disaient qu'il en était apparemment ainsi.

Depuis, les plus aveugles ont vu clair, et nous venons d'assister à une fin de comédie, à propos de la discussion sur le Pape, les Romagnes et le temporel, qui ne permet plus même l'illusion dans le passé et la douceur du souvenir.

M. Achille Fould, comme MM. Baroche, Billault, Rouland, Delangle, Troplong et autres hommes d'État de l'époque actuelle, vit clair dans le génie de Napoléon III, jugea le véritable état de la France et ne craignit pas de s'engager sans retour dans cette voie où, il ne faut pas l'oublier, ceux qui s'avancèrent ainsi pouvaient laisser leur fortune et leur vie.

Nous ne suivrons pas plus loin M. Achille Fould dans le cours de sa carrière politique. Réélu député, bientôt ministre des finances jusqu'en 1852, il remplaça la même année M. Casabianca au ministère d'État et fut élevé par l'Empereur à la dignité de grand-officier de la Légion-d'honneur. Il était déjà grand-croix de plusieurs ordres étrangers. Dans cette voie des distinctions et du pouvoir, M. Achille Fould devait atteindre le plus haut degré auquel peut aspirer un homme d'État en France, sous le régime impérial.

L'Empereur a nommé, en 1856, M. Achille Fould grand-croix de la Légion-d'honneur. Deux ans plus tard, il lui a donné la dernière et la plus haute marque de confiance, en l'appelant à faire partie du Conseil privé.

Lorsqu'on songe que M. Achille Fould n'était, en 1840, qu'un simple associé de la maison de banque Fould et Oppenheim, il y a lieu d'admirer un pays dont les mœurs et les institutions permettent au mérite personnel d'aspirer aux honneurs et aux fonctions qui, dans maints États de l'Europe, sont encore à peu près exclusivement réservés au hasard d'une naissance aristocratique.

M. Achille Fould est encore aujourd'hui ministre d'État et de la Maison de l'Empereur. Cette situation exceptionnelle le met en rapport permanent avec le château. Ses conseils y sont appréciés comme doivent l'être ceux d'un des esprits les mieux doués du sens pratique des affaires. Il administre la Maison de l'Empereur d'une manière assez habile pour ne pas dépasser la somme affectée à ses dépenses. Or, c'est une tâche que rend assez difficile la munificence de LL. MM. l'Empereur et l'Impératrice. Elles ne savent point refuser aux services rendus et à l'infortune intéressante et imméritée l'aide qui leur est demandée. Mais, si leur générosité est sans bornes, la liste civile en a de rigoureuses et d'infranchissables, sur lesquelles M. Fould veille avec sollicitude, le rappelant au besoin, avec l'indépendance d'un fidèle serviteur et d'un administrateur habitué, dès son entrée dans la vie, à la pratique des principes d'ordre et d'économie nécessaires aux grands comme aux petits revenus.

M. Achille Fould a pris une part considérable au grand mouvement agricole qui s'est produit en France depuis l'avénement de l'Empereur Napoléon III.

La plupart des innovations introduites par l'industrie dans l'agriculture ont trouvé en M. Fould un patronage puissant et des encouragements efficaces. La charrue à vapeur, la piocheuse, les engrais nouveaux ont été expérimentés par M. Fould sur ses propres domaines du département des Hautes-Pyrénées et recommandées ensuite à la sollicitude de l'Empereur. Des landes et des terres jusqu'alors réputées incultes ont pu être ainsi appropriées aux besoins de l'agriculture et contribuer au développement de la richesse nationale.

Une des questions qui se rattache au même ordre de choses, mais qui, cependant, occupe une place à part, la question des haras, a beaucoup préoccupé M. Fould.

On sait l'importance des haras, non-seulement au point de vue du travail et du luxe, mais encore et surtout au point de vue de la défense nationale. L'extension de la population chevaline de la France, son amélioration, sont des matières auxquelles un homme d'État ne doit point rester étranger.

Adversaire du système des prohibitions et, en général, de tout ce qui tend à paralyser l'initiative individuelle, M. Fould apporta dans la question des haras le même esprit que celui que nous lui connaissons en matière de finances ou de tarifs douaniers. De même qu'il exprimait le vœu de substituer au régime des prohibitions un abaissement progressif des droits d'entrée, de même, il eût souhaité que les haras constitués en monopole sous l'action directe de l'État, prissent une forme plus en harmonie avec l'ensemble de nos institutions.

Dans la pensée de M. Fould, les variations du budget, la concurrence que l'administration des haras fait à l'industrie privée, sont des obstacles à la propagation et à l'amélioration de la race chevaline.

Il n'entre pas dans le système de M. Fould d'anéantir l'administration des haras. Loin de là. Il souhaiterait, au contraire, que l'action bienfaisante de cette administration s'élargît en se transformant. M. Fould voudrait que l'action directe et limitée de l'administration des haras se transformât en un vaste système de surveillance et de protection qui embrassât toute l'industrie chevaline (1). L'administration ne ferait plus concurrence à l'éleveur. Au lieu de ne s'occuper que des 2,000 étalons de l'État, elle exercerait son influence sur environ 12,000 qui composent l'ensemble

(1) Le lecteur trouvera, dans une brochure publiée par M. le baron de Pierres, sous le titre *l'Administration des Haras et l'Industrie privée*, un exposé clair et précis de cette question.

de la reproduction. Le rôle des agents s'élargirait ainsi et se dépouillerait des minuties qu'entraîne les soins des dépôts et les nécessités d'une rigoureuse comptabilité.

Sans être spécial le moins du monde dans ces affaires, il suffit de posséder les plus simples notions d'économie et d'être un homme de sens commun pour apprécier la valeur des idées propagées et soutenues par M. Fould.

On sait que l'administration des beaux-arts relève également du ministère d'État. M. Fould n'apporte dans cette branche délicate de l'administration aucun parti pris de protéger telle école plutôt que telle autre. Il se borne à faire en sorte que l'emploi des fonds affectés à ce service ne s'éparpille pas d'une manière stérile et tende toujours à faire produire des œuvres importantes. C'est un principe fort sage et qui nous rappelle ce mot de Mirabeau, dans les discussions de l'Assemblée constituante, sur la propriété de l'invention : « L'art de créer le génie ne consiste peut-être qu'à savoir le féconder. »

FIN.

Paris, imp. L. TINTERLIN, 3, rue N° des-Bons Enfants.

Je prie Monsieur
le gérant du Moniteur universel
de me faire envoyer mon journal à
partir du 1er avril.

Lucile Mey